CW01583104

FASTOCHE

FASTOCHE

www.casterman.com

Créations, textes, illustrations : Maryse Six

ISBN 978-2-203-14 350- 0

Imprimé en Italie. Dépôt légal mai 2004 ; D2004/0053/243. Déposé au ministère de la Justice
(loi n° 49.956 du 16 juillet 1949 sur les publications destinées à la jeunesse).

Maryse Six

FASTOCHE

PLIAGES des petits

FASTOCHE

casterman

Avant de commencer...

Comment initier les tout-petits à la magie de l'origami ?
Avec des modèles attractifs et en simplifiant les plis difficiles par des découpes.
Pour mieux guider l'enfant, nous conseillons à un adulte de préparer un gabarit ou de reproduire le modèle sur une feuille de dessin avec les marques à découper.
Chaque sujet est prévu pour être décoré afin que les jeunes artistes puissent laisser vagabonder leur imagination et leur créativité.

Sommaire

La grenouille

Dépose-la sur un rond de papier bleu.

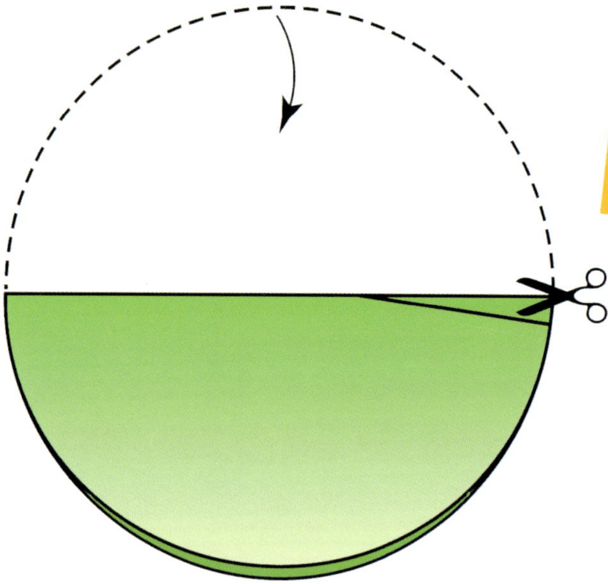

1

Prépare un cercle de 10 cm de diamètre dans un papier vert. Découpe une fente de 3,5 cm à droite du pli central. Plie le cercle en deux.

2

Relève séparément chaque demi-cercle vers le haut comme l'indique le dessin.

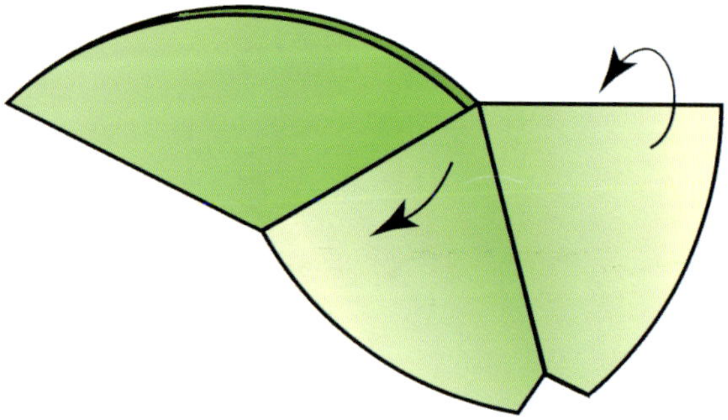

3

Rabats ensuite les pattes de chaque côté.

IL TE FAUT :

une feuille verte ■ deux pastilles jaunes autocollantes ■ des ciseaux ■ gabarit du cercle ■ des crayons

10 minutes

très facile

équilibre

4 Redresse ta grenouille sur ses pattes en les écartant légèrement. Réalise ses yeux avec des pastilles jaunes ou avec un marqueur.

L'oiseau

Plusieurs oiseaux accrochés à un fil, voici un joli mobile.

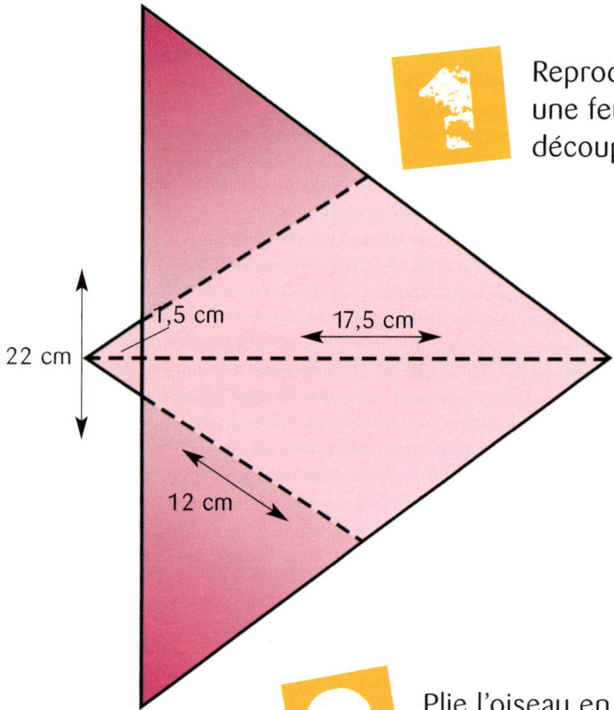

1 Reproduis le gabarit de l'oiseau sur une feuille de papier de couleur et découpe-le.

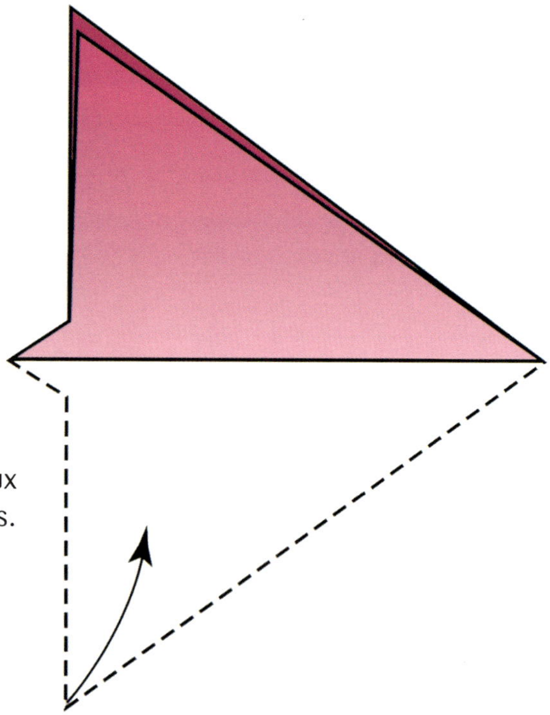

2 Plie l'oiseau en deux en joignant les ailes.

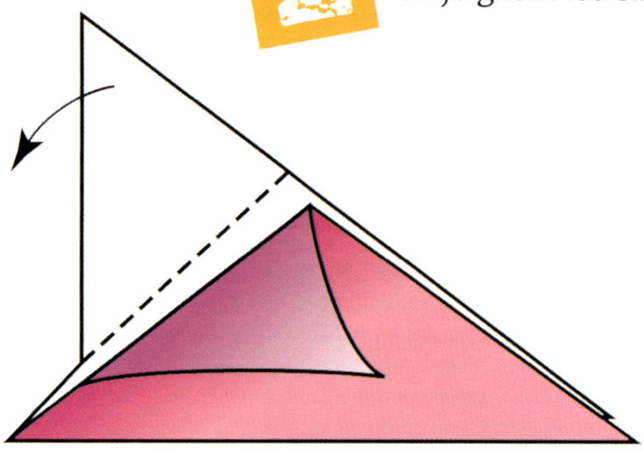

3 Abaisse le haut des ailes à l'horizontale comme l'indique le dessin.

IL TE FAUT : une feuille de papier de couleur ■ des ciseaux ■ gabarit de l'oiseau ■ des crayons ■ un marqueur

10 minutes

très facile

notion d'espace

4 Dessine la tête et les yeux.

Le lapin

Un nom sur une oreille… c'est un marque-place.

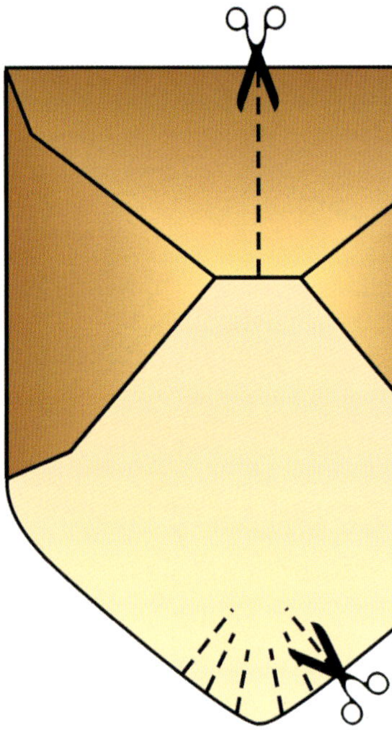

1

Ouvre une enveloppe et découpe des entailles le long des pointillés comme l'indique le dessin.

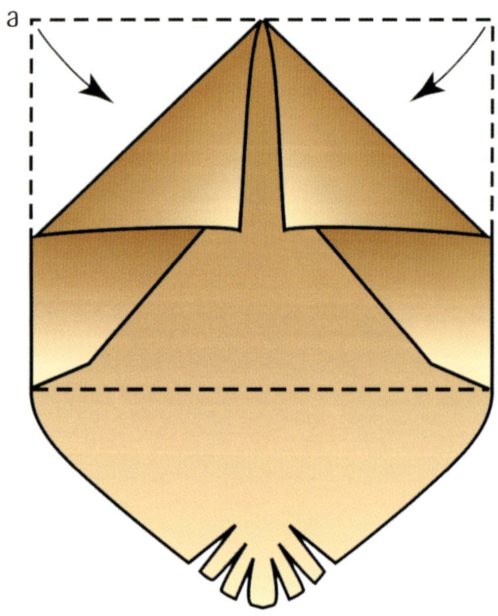

2

Rabats les coins a et b vers le milieu de l'enveloppe. Relève ensuite la pointe comme pour fermer l'enveloppe.

IL TE FAUT :

une enveloppe ordinaire ■ deux pastilles bleues et une pastille rouge autocollantes ■ des ciseaux

15 minutes

très facile

motricité

3

Colle des pastilles bleues pour les yeux et une pastille rouge pour le nez. Dessine la bouche et les moustaches.

4

Réunis les coins c et d vers l'arrière en les humectant et en les glissant l'un dans l'autre. Replie les oreilles vers l'extérieur pour leur donner du mouvement.

Le papillon

Varie la décoration selon ton inspiration.

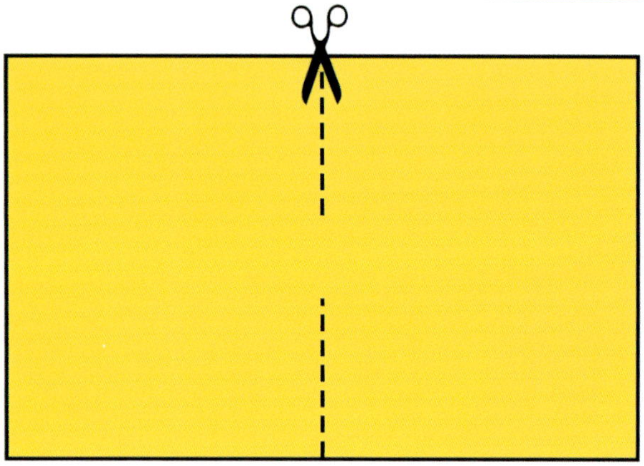

1

Prépare un rectangle de 15 x 11 cm dans un papier de couleur. Découpe les entailles en suivant les pointillés sur 4,5 cm.

2

Relève les coins a et b.

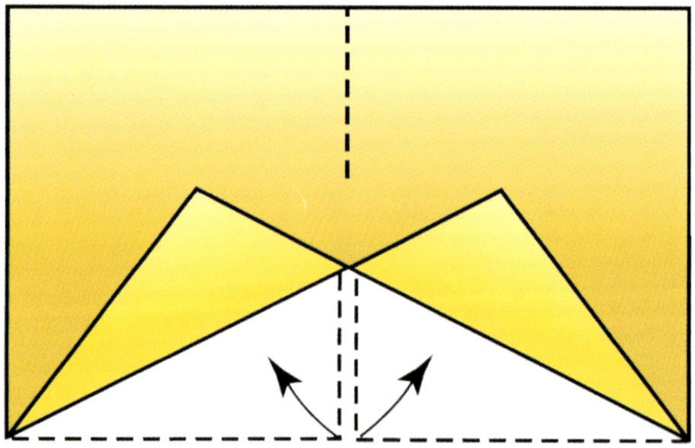

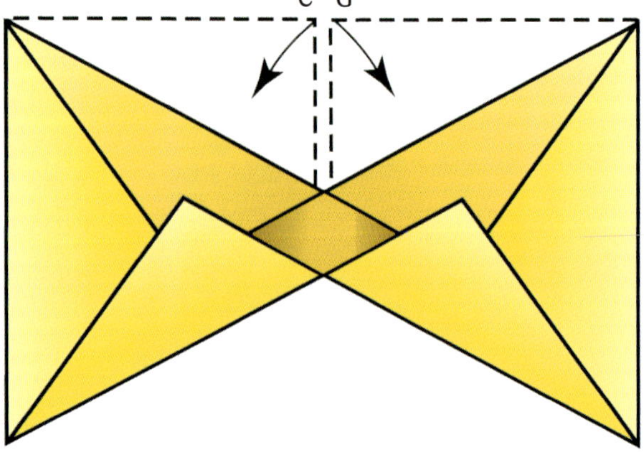

3

Abaisse ensuite les coins c et d. Tu obtiens les ailes du papillon.

IL TE FAUT :

une feuille de papier de couleur ■ un cure-pipe de 24 cm ■ des pastilles autocollantes ■ des ciseaux

10 minutes

très facile

créativité

4

Colle des pastilles de couleur sur les ailes. Plie un cure-pipe en deux et pose le corps du papillon entre les deux tiges. Torsade le cure-pipe à l'arrière puis en avant en laissant 4 cm pour faire les antennes.

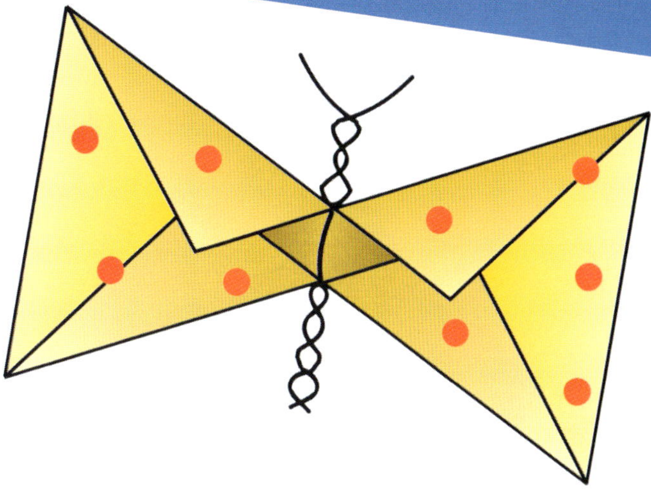

Le poisson

En avril… au bout d'un fil !

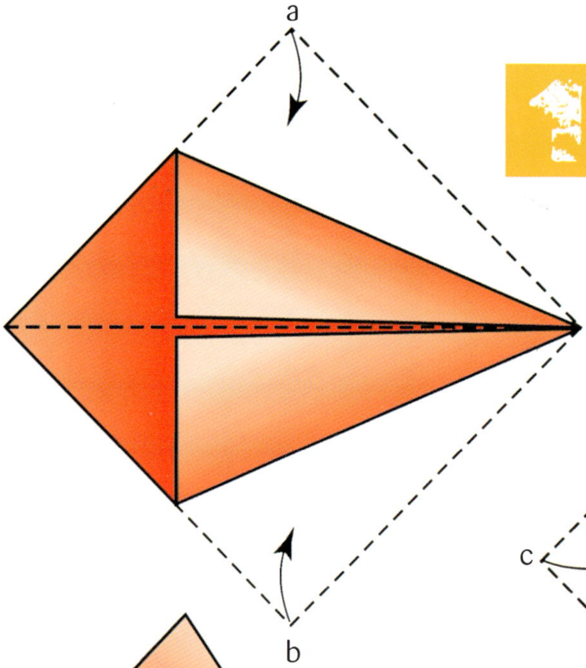

1 Prépare un carré rouge et marque le pli diagonal. Rabats les côtés a et b sur cette diagonale.

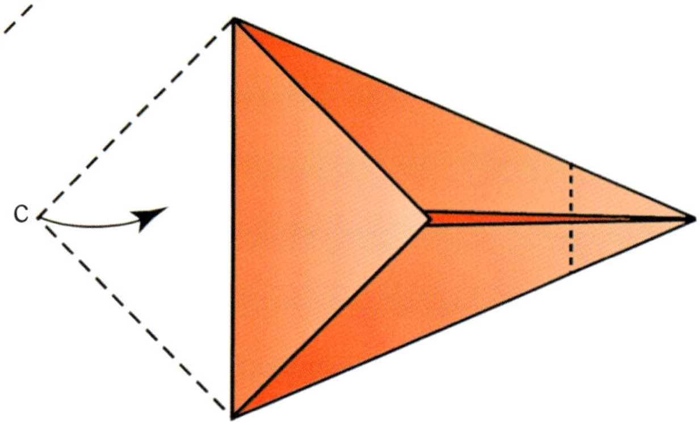

2 Plie la pointe c sur la figure. Découpe le dessus de la queue le long des pointillés.

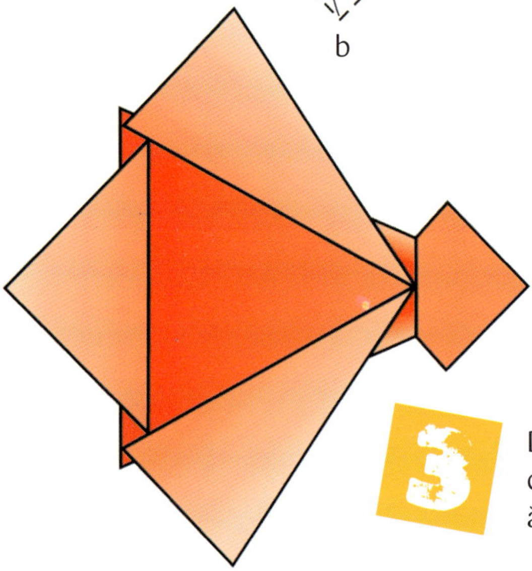

3 Déplie maintenant la queue complètement et les trois côtés à un centimètre du bord.

IL TE FAUT :

une feuille de papier rouge de 10 cm x 10 cm ■ une pastille jaune autocollante

10 minutes

facile

dextérité

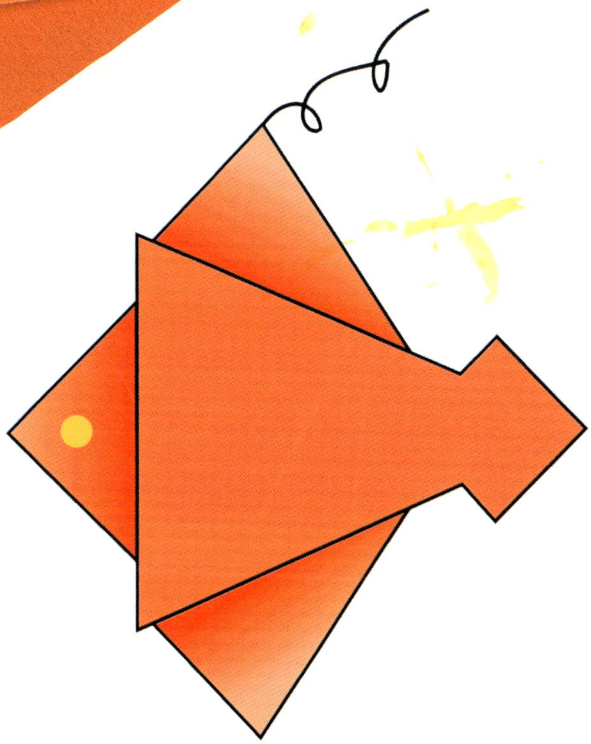

4 Retourne ton poisson. Dessine ou colle une pastille jaune pour réaliser l'œil.

Le poussin

Tu peux aussi peindre l'œuf.

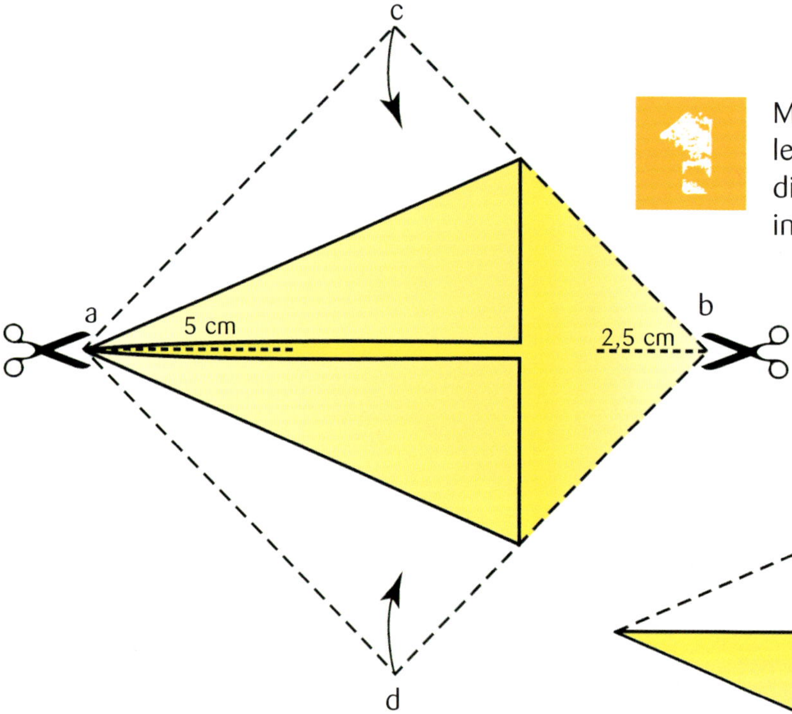

1 Marque le pli diagonal ab. Rabats les angles c et d sur cette diagonale. Coupe les marques indiquées par les pointillés.

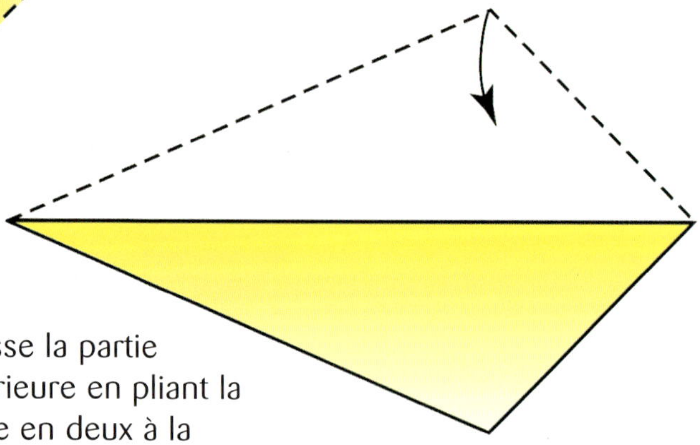

2 Abaisse la partie supérieure en pliant la feuille en deux à la diagonale.

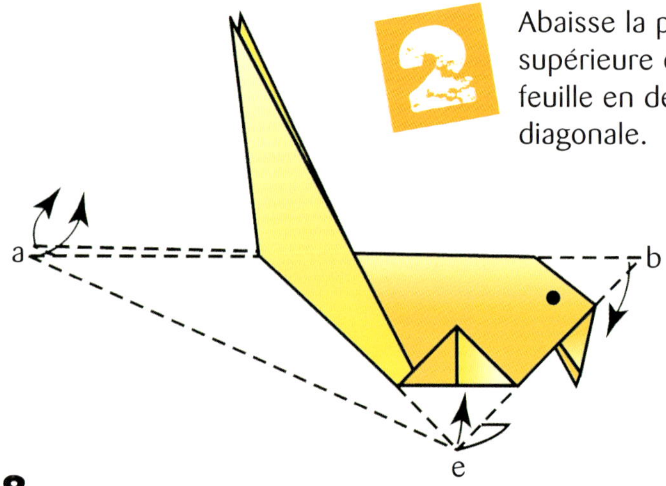

3 Relève les deux pointes a de chaque côté. Abaisse les pointes b à l'intérieur de la figure. Relève les pointes e de chaque côté. Dessine les yeux.

IL TE FAUT : une feuille de papier jaune de 10 x 10 cm ■ des ciseaux ■ une coquille d'œuf

20 minutes

très facile

motricité

4 Casse délicatement un œuf vidé des deux côtés. Fais rentrer doucement ton poussin en commençant par la queue.

L'avion

Lequel ira le plus loin ?

1

Prépare un rectangle de 12 x 18 cm dans un papier de couleur. Marque le pli central et rabats les côtés a et b sur ce pli.

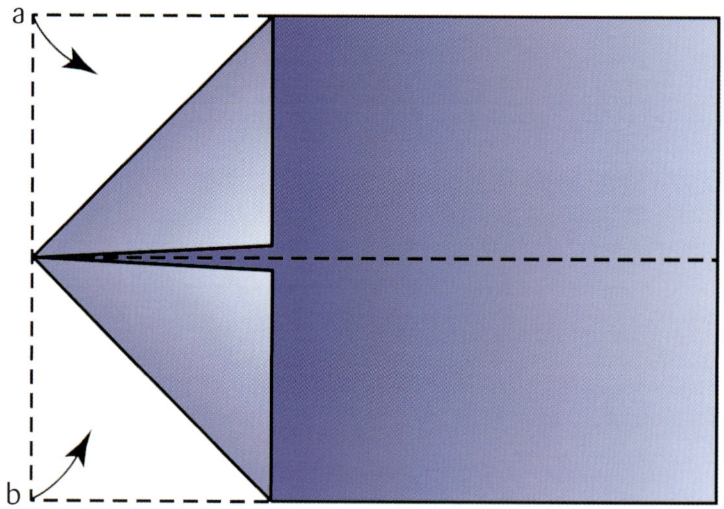

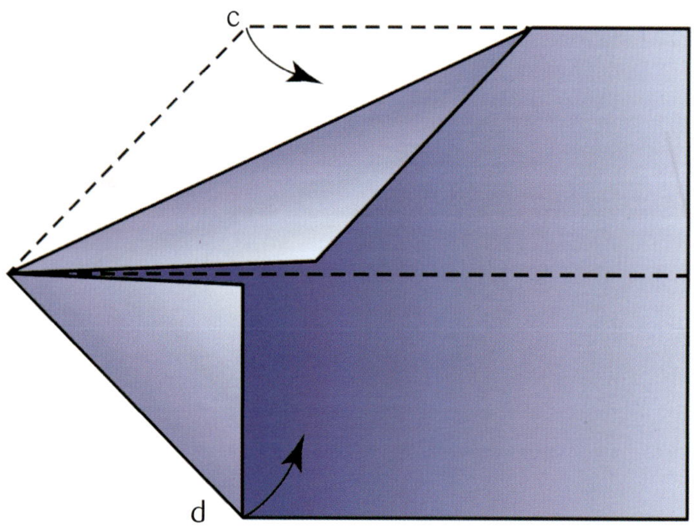

2

Plie de nouveau les côtés c et d sur le pli central.

IL FAUT :

une feuille de papier A4 ■
des ciseaux

10 minutes

très facile

latéralisation

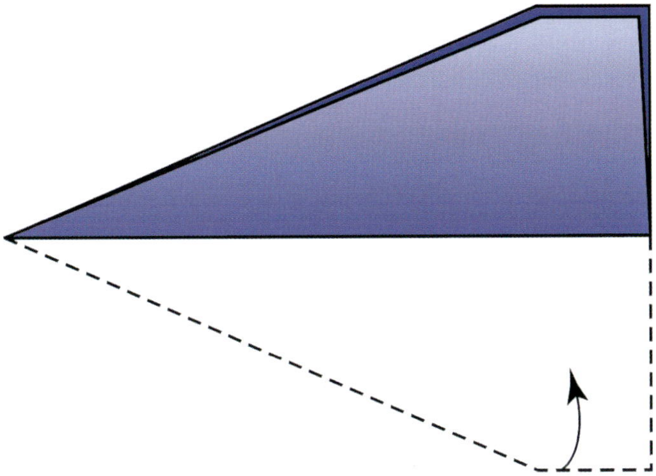

3 Relève la partie inférieure en pliant la feuille en deux.

4 Abaisse les ailes de l'avion à l'horizontale et remonte un petit bord d'un centimètre. Ton avion est prêt à décoller

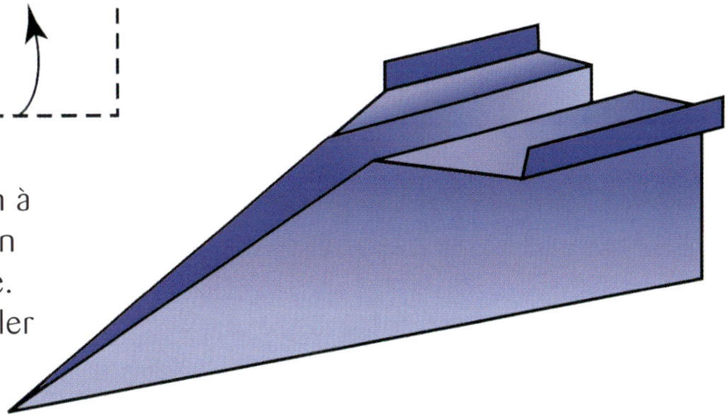

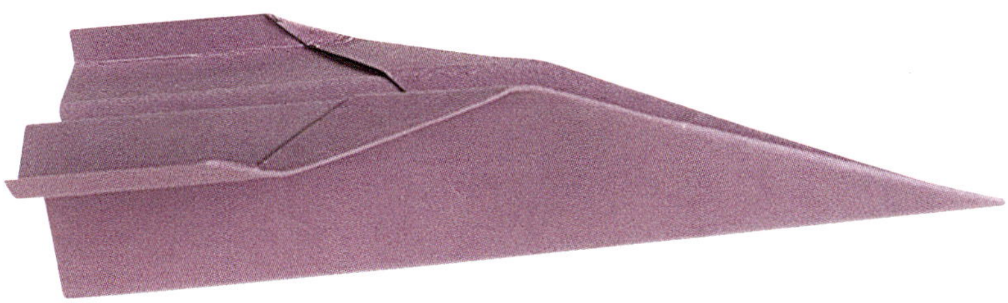

Le voilier

Collé sur un carton uni, c'est une jolie carte de vacances.

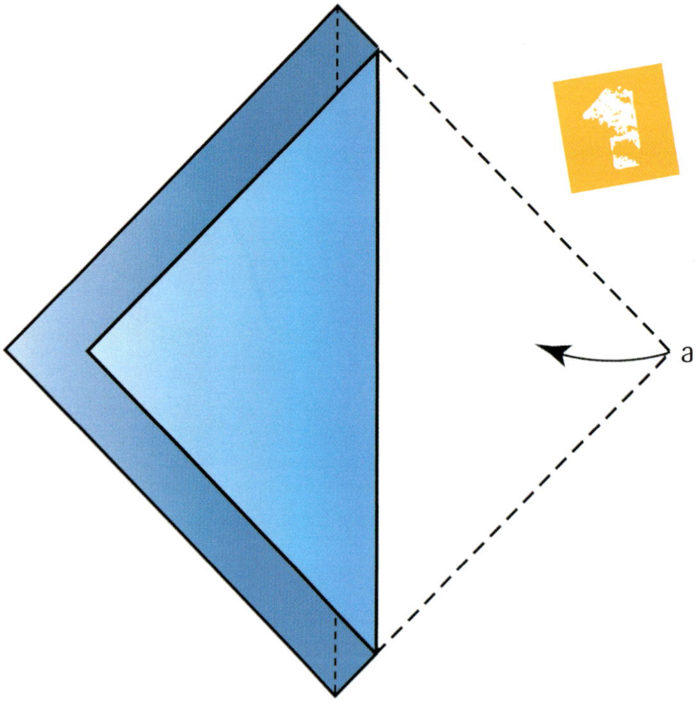

1

Plie la feuille en deux en décalant le pli d'un centimètre de la diagonale.

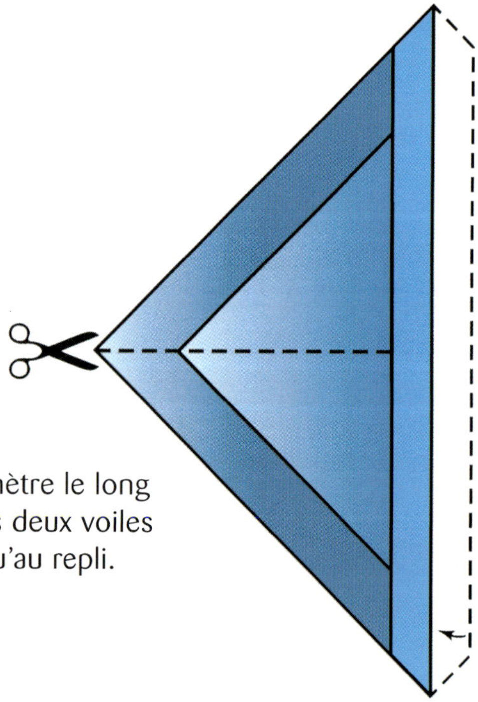

2

Replie le bord d'un centimètre le long de la diagonale. Coupe les deux voiles le long des pointillés jusqu'au repli.

IL TE FAUT : une feuille de papier de 15 x 15 cm ■ des ciseaux

10 minutes

très facile

notion d'espace

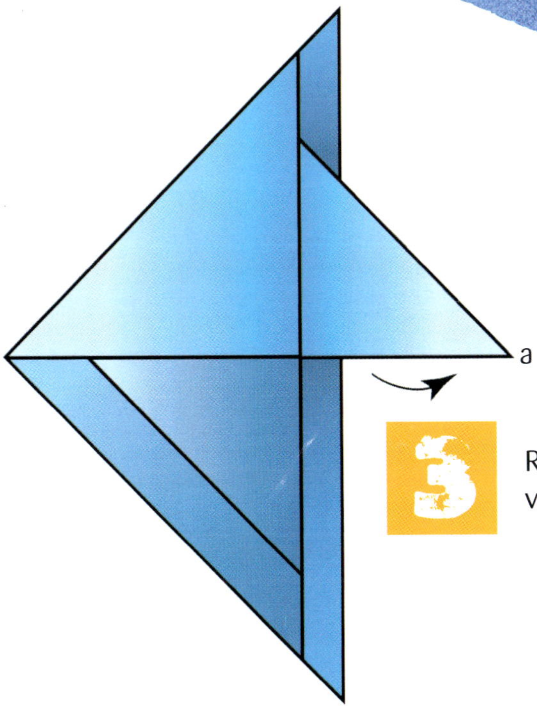

3 Ramène la voile a vers la droite.

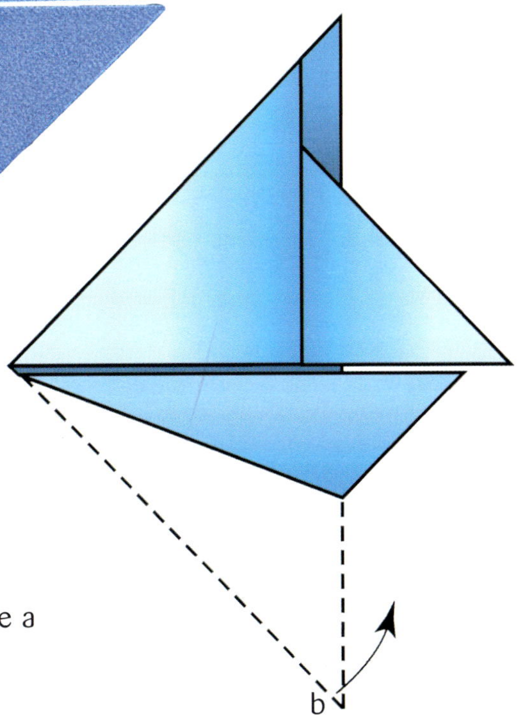

4 Réalise la coque du voilier en relevant le coin b vers le haut sous la ligne horizontale des voiles.

Le chapeau des saisons

Varie la décoration suivant la récolte de saison.

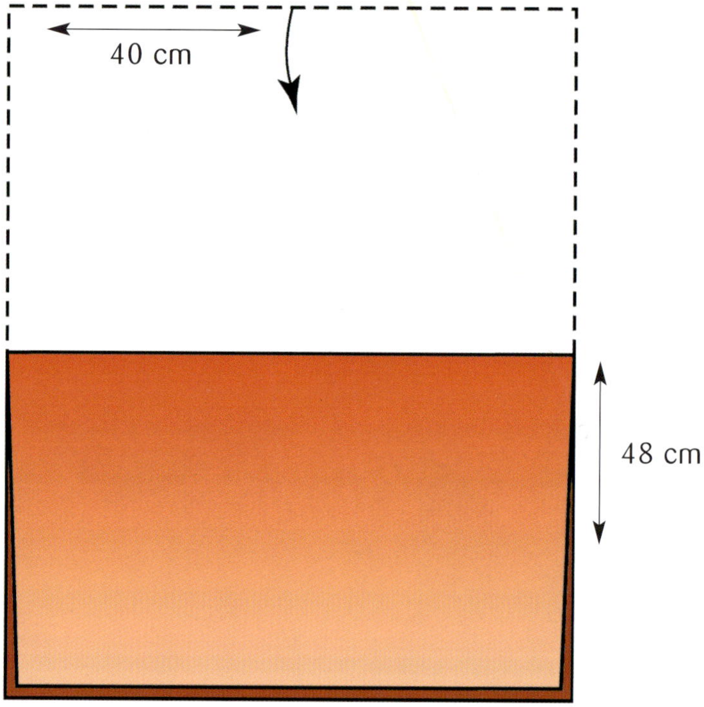

1 Plie ta feuille en deux.

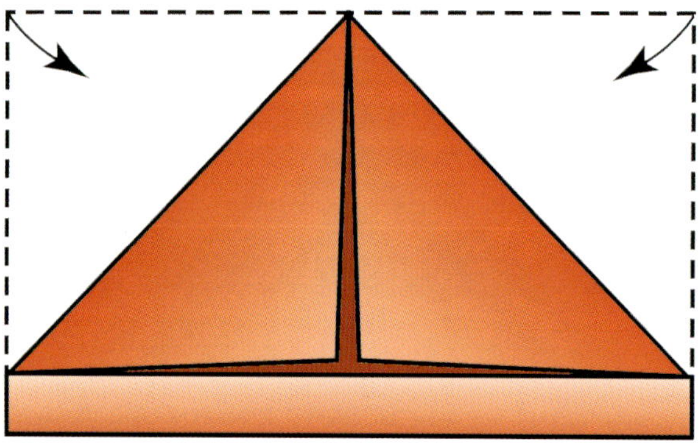

2 Abaisse les coins.

IL TE FAUT :
une feuille de couleur de 48 x 40 cm ■ de la colle ■ des plumes ■ des feuilles séchées

20 minutes
très facile
créativité

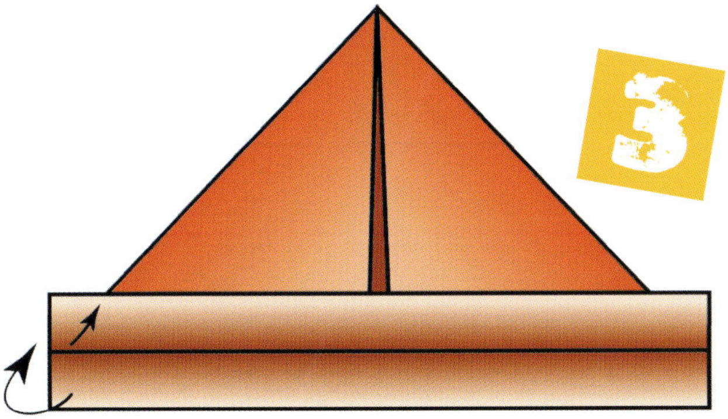

3 Relève de chaque côté le bord inférieur.

4 Abaisse ensuite de chaque côté la moitié de ce bord. Décore ton chapeau avec des plumes et des feuilles séchées.

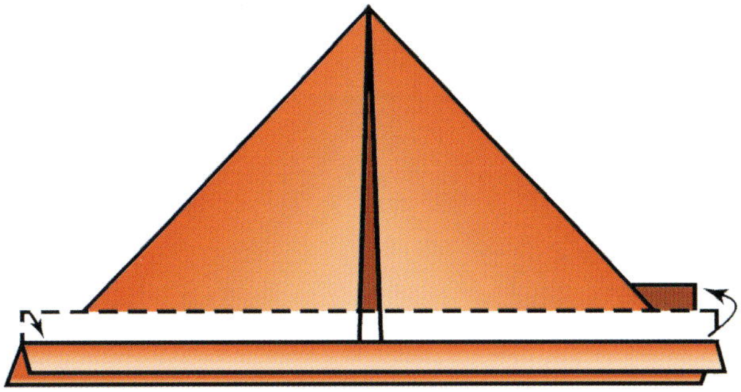

La famille pingouin

Dépose-les sur une banquise en polystyrène blanc.

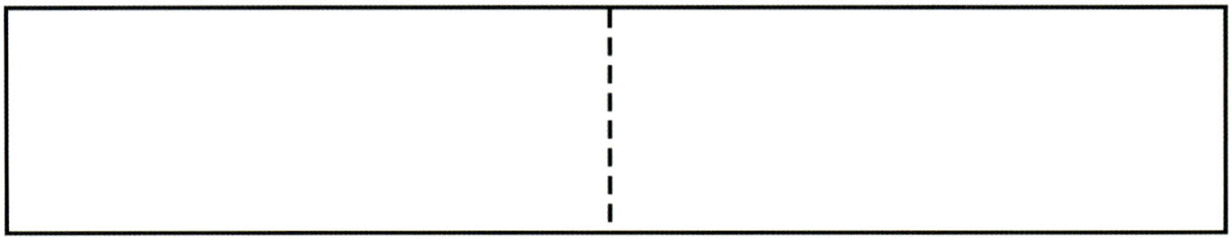

1 Pose ton papier, la face noire sur la table. Marque le pli central.

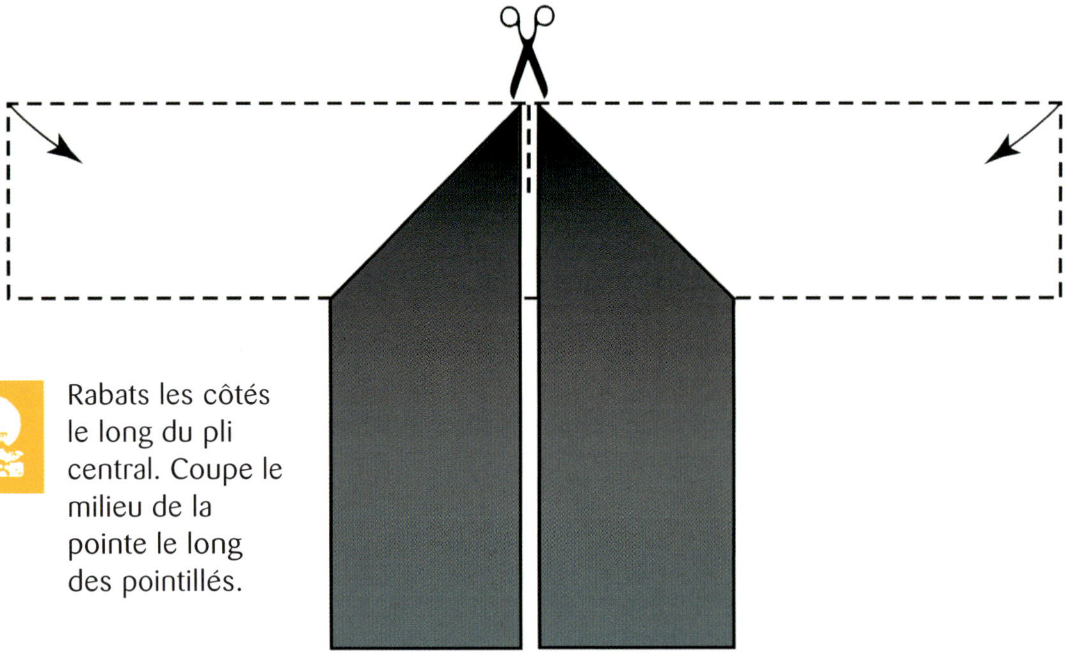

2 Rabats les côtés le long du pli central. Coupe le milieu de la pointe le long des pointillés.

IL TE FAUT : du papier avec une face noire et une face blanche de 18 x 3 cm pour les petits et de 24 x 4 cm pour la maman ■ des ciseaux ■ de la colle

10 minutes

très facile

équilibre

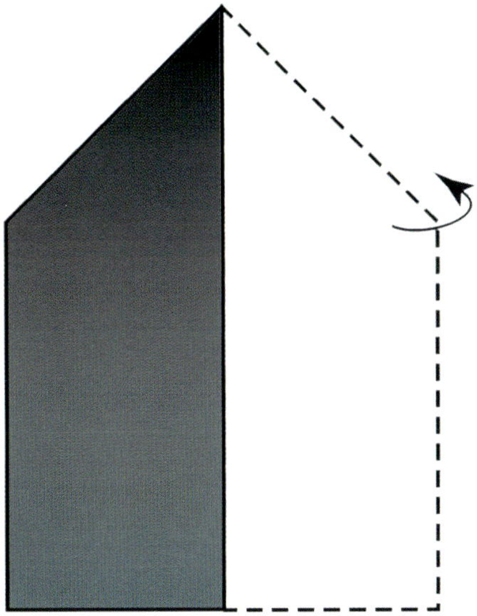

3 Plie la figure en deux en ramenant la partie droite derrière celle de gauche.

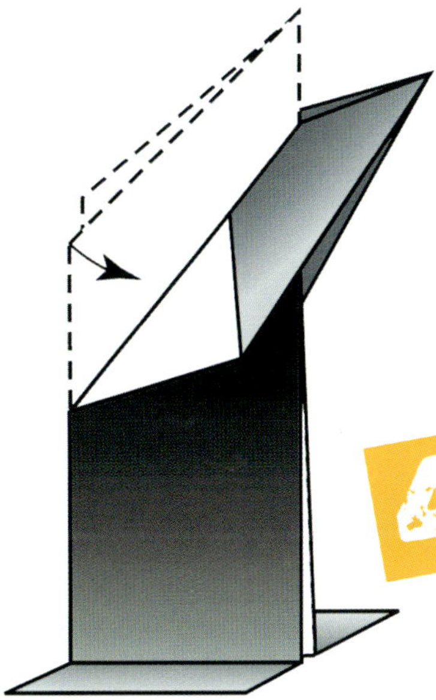

4 Pour réaliser la tête, abaisse les pointes de chaque côté. Colle la tête.
Relève à l'horizontale le bas des pattes sur un centimètre.
Écarte légèrement le corps pour le faire tenir.

Père Noël

Accroches-en plusieurs au sapin !

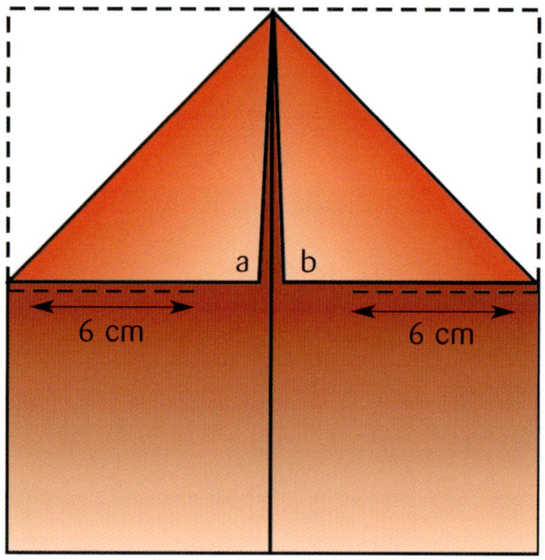

1

Marque le pli central du carré. Abaisse les coins a et b le long du pli central. Découpe les marques indiquées par les pointillés.

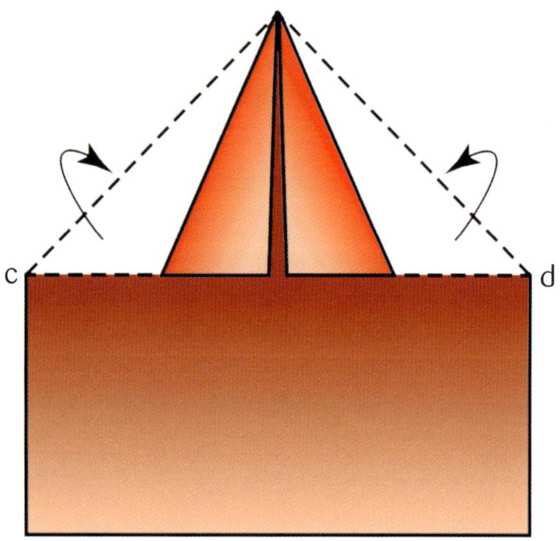

2

Plie les coins c et d vers l'arrière, le long du pli central.

IL TE FAUT :

une feuille de papier rouge de 20 x 20 cm ■ de la ouate ■ de la ficelle dorée ■ des ciseaux ■ de la colle ■ un rouleau vide de papier W.C ■ des marqueurs noir et rouge foncé

20 minutes

facile

motricité

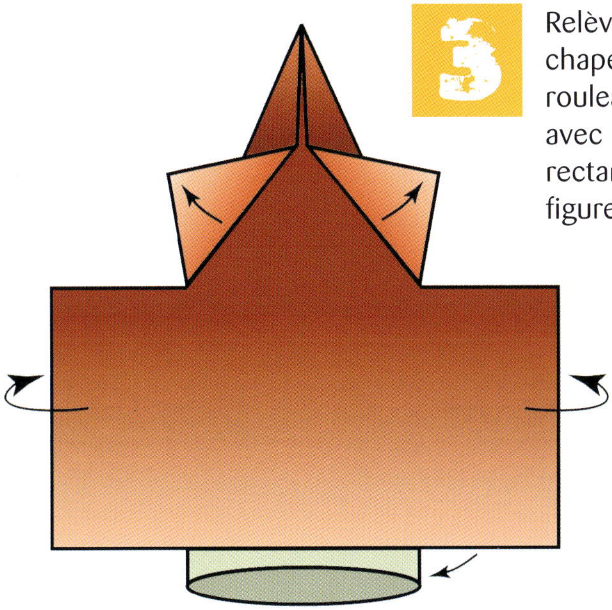

3 Relève les coins du chapeau. Entoure le rouleau de papier W.C. avec la partie rectangulaire de la figure.

4 Décore ton Père Noël :

- avec la ouate, réalise la barbe et la fourrure du chapeau.
- dessine les yeux avec le marqueur noir et le nez avec le marqueur rouge.
- noue une ceinture avec la ficelle dorée.

FASTOCHE

FASTOCHE